**Curso comunicativo
de español
para extranjeros**

Para empezar

B

Libro de ejercicios

Equipo Pragma:
Ernesto Martín Peris
Lourdes Miquel López
Neus Sans Baulenas
Marta Topolevsky Bleger

Diseño gráfico y portada:
Viola & París

Ilustraciones:
Romeu
Mariel Soria

Técnico de grabación:
Joan Vidal

edelsa
GRUPO DIDASCALIA, S.A.
Plaza Ciudad de Salta, 3 - 28043 MADRID - (ESPAÑA)
TEL.: (1) 416 55 11 - FAX: (1) 416 54 11

Primera edición: 1985
Segunda edición: 1988
Tercera edición: 1989
Cuarta edición: 1991
Quinta edición: 1992
Sexta edición: 1993
Séptima edición: 1994
Octava edición: 1995
Primera reimpresión: 1995

© Equipo Pragma
   EDELSA Grupo Didascalia, S.A.

ISBN: 84-85786-84-X
Depósito legal: M-34150-1995
Impreso en España - Printed in Spain
ROGAR, S.A. C/ León, 44. Pol. Ind. Cobo Calleja
FUENLABRADA (Madrid)
Encuadernación: Perellón

8

¿DE PARTE DE QUIÉN?

8.

1.1.

¿Verdad o mentira?

	V	M
1. "Querida" se escribe con "cu".	☐	☐
2. El número se pone antes que el nombre de la calle.	☐	☐
3. "Distinguido" es para la gente que se conoce mucho.	☐	☐
4. Si es amigo pones "un beso" o "un abrazo".	☐	☐

1.2.

Relaciona:

● ¿Está Andrés?
● ¿Con quién hablo?
● ¿De parte de quién?
● ¿Qué Juan?

○ Ortiz, Juan Ortiz.
○ Del señor Polo.
○ Con Manoli.
○ Ahora se pone.

1.3.

¿Verdad o mentira?

	V	M
1. Los amigos de Monika son alemanes.	☐	☐
2. Klaus y Carla son ecologistas.	☐	☐
3. Han venido para conocer a Yasser.	☐	☐
4. Organizan conferencias para defender la energía nuclear.	☐	☐

1.

Contesta a este anuncio:

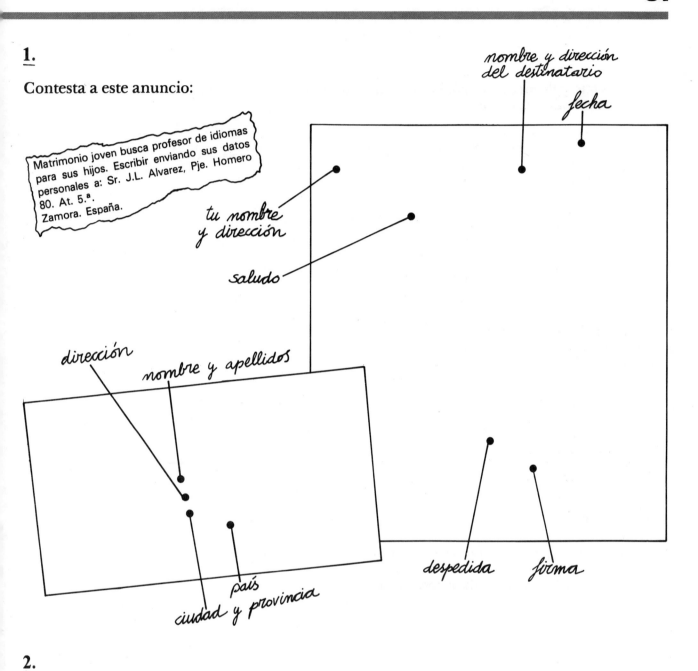

Matrimonio joven busca profesor de idiomas para sus hijos. Escribir enviando sus datos personales a: Sr. J.L. Alvarez, Pje. Homero 80. At. 5.ª. Zamora. España.

nombre y dirección del destinatario

fecha

tu nombre y dirección

saludo

dirección

nombre y apellidos

despedida   firma

ciudad y provincia

país

2.

Vuelve a escribir estas direcciones usando abreviaturas:

Calle Alcalá, 28, primero, segunda _____

Pasaje Arcadia, 34, entresuelo, cuarta _____

Plaza del Sol, 78, ático, tercera _____

Paseo de la Castellana, 189, entresuelo, quinta _____

Avenida de la Luz, 235, ático, izquierda _____

8.

3.

Estás de viaje y llegarás a Bogotá dentro de 4 días. Envía un telegrama a tus amigos colombianos para avisarles:

	EL EXPEDIDOR DEBE RELLENAR ESTE IMPRESO, EXCEPTO LOS RECUADROS EN TINTA ROJA				
	SE RUEGA ESCRIBA CON LETRAS MAYUSCULAS O CARACTERES DE IMPRENTA				T. G. - 1

INS. O NUMERO DE MARCACION — SERIAL — N.° DE ORIGEN — **T E L E G R A M A** — INDICACIONES TRANSMISION

LINEA PILOTO

OFICINA DE ORIGEN — PALABRAS — DIA — HORA — IMPORTE EN PESETAS

INDICACIONES: DESTINATARIO: ....
SEÑAS: ....
TELEFONO: .... TELEX: ....
DESTINO: ....

TEXTO: ....

SEÑAS DEL EXPEDIDOR — NOMBRE: .... TFNO.: ....
DOMICILIO: .... POBLACION: ....

UNE A-5 (148 × 210)

4.

Lee el texto:

● ¡Buenas tardes, queridos telespectadores! Hoy tenemos en nuestro estudio gente famosa.

Con nosotros: José María y María José. Hola.

△ Hola.

○ Hola.

● La gente os conoce mucho, pero hay cosas que no sabemos. Por ejemplo,¿de dónde sois?

△ Yo soy de un pueblo muy pequeño de Navarra pero vivo en Benidorm.

○ Yo soy andaluz, de un pueblo muy bonito de la provincia de Cádiz.

● ¿Y dónde vives?

○ En Benidorm, como María José.

● ¿Qué estáis haciendo ahora?

△ Teatro, como siempre.

● Oye, María José, muchos chicos me piden tu teléfono. ¿Tenéis teléfono?

○ Sí, pero...

● Bueno, bueno... Oye, José María, la verdad, ¿qué edad tienes?

○ Tengo 30 años.

△ ¡Qué va! Tienes 32.

... y ahora contesta estas preguntas:

1. ¿Qué hacen José María y María José?

_____

2. ¿Están casados?

_____

3. ¿Cuántos años tienen?

_____

4. ¿De dónde son?

_____

5. ¿Dónde viven?

_____

6. ¿Tienen teléfono?

_____

5.

Completa, según el modelo:

○ ¿(SER) _Son_ ustedes españoles?

● No, _somos_ italianos.

1. ○ ¿ (PODER) _____ venir ustedes mañana por la tarde?

● No, no _____

2. ○ ¿(SALIR) _____ ustedes esta noche?

● Sí, _____ con los Gutiérrez.

3. O ¿(VENIR) _____ ustedes de Toledo?

   ● No, _____ de Segovia.

4. O ¿(HACER) _____ ustedes los ejercicios en casa?

   ● No, los _____ en clase.

5. O ¿(LEER) _____ ustedes periódicos españoles?

   ● Sí, _____ "El País".

6.

Repite las preguntas del ejercicio anterior en la forma VOSOTROS:

¿ Sois españoles ?

1. _____

2. _____

3. _____

4. _____

5. _____

7.

Responde con ser + Ø, ser + de, estar + en, estar + de:

O ¿Qué hace tu hermana mayor?

● _____*Es abogada*_____ (ABOGADA)

1. O ¿Dónde está Francisco?

   ● _____ (VENEZUELA)

2. O ¿Dónde está Chus?

   ● _____ (VACACIONES)

3. O ¿De dónde es Alicia?

   ● _____ (VENEZUELA)

4. O ¿Qué hace Ramón?

   ● _____ (PINTOR)

5. ○ ¿Qué le pasa a Pedro?

   ● _____ (MAL HUMOR)

6. ○ Oye, ¿Rafael y Pilar son del PSOE?

   ● _____ (COMUNISTAS)

7. ○ ¿Está ahí el señor Lobato?

   ● No, _____ (VIAJE)

8.

Haz una pregunta adecuada:

● *¿Con quién has venido?*   ○ Con Luis

1. ● _____ ○ A Luis
2. ● _____ ○ Luis
3. ● _____ ○ De Luis
4. ● _____ ○ En Valencia

5. ● _____ ○ A Valencia
6. ● _____ ○ De Valencia
7. ● _____ ○ Desde Valencia

9.

Une con pero o y:

1. Está muy cansado _____ no va a salir.

2. Es muy bonito, me gusta mucho, _____ es muy caro.

3. Se encuentra mal _____ ha ido al trabajo.

4. Habla muy bien el español _____ lo escribe muy mal.

5. Ha comido demasiado _____ le duele el estómago.

6. Hay mucha gente en la plaza _____ no se puede pasar.

7. Ha venido a la ciudad _____ no la hemos visto.

8. Ha escrito una postal _____ no ha llegado.

10.

Lee estas placas de matrícula:

SA·4583·D   BI·4045·L   ZA·8403·C   VA-0489-J

8.

Lee estos números de teléfono:

2 36 95 04   3 41 27 83   2 65 01 75   3 46 32 61

Lee estas direcciones: Pza. Mayor, 17 - 4º 2ª   C. Nueva, 29 - 3º 1ª

Avda. Madrid, 317 - 5º B   Pº Constitución, 263 - At° 2ª

11.

Haz la pregunta adecuada:

○ _¿ Dónde trabajáis ?_

● Ella en Oviedo y yo, en Gijón.

1. ○ _____

● El estudia Historia y yo, Física.

2. ○ _____

● En una pensión; estamos buscando piso.

3. ○ _____

● No, no tenemos.

4. ○ _____

● No, somos ingleses.

5. ○ _____

● Llamamos desde una cabina, en el aeropuerto.

6. ○ _____

● No, vamos a quedarnos a ver la película de la tele.

7. ○ _____

● No, en Florencia no; hemos estado en Venecia.

8. ○ _____

● No. Mi amiga es francesa y yo, italiana.

9. ○ _____

● En Burgos. Y mañana vamos a Bilbao.

10. ○ _____

● Sí, él estudia Medicina y yo, Económicas.

12. (8.7.) 📼

Escucha el diálogo y anota los siguientes datos:

Hotel _____

Dirección _____

Teléfono _____

Número de la habitación _____

Tiene que llamar antes de _____

9

ALLÍ VERÁ UNA PLAZA.

9.

1.1.

¿Verdad o mentira?

	V	M
1. Para ir a Salamanca hay que ir primero al centro.	□	□
2. La calle Galdós está cerca de un parque.	□	□
3. Para ir a Valencia hay que seguir recto por el centro.	□	□
4. Al centro se puede ir en autobús o a pie.	□	□
5. La autopista del Sur va a Valencia.	□	□

1.2.

Responde:

1. ¿Cuántos trenes hay para Sevilla después de las siete de la tarde? _____

2. ¿Qué tren van a coger Monika y Yasser?_____

3. ¿Van a dormir en el tren?_____

1.3.

Relaciona:

El 54 pasa	cerca de Correos.
Para ir a Correos tiene que bajar	a unos 25 minutos en autobús.
La plaza Molina está	en la segunda parada después de la plaza.
Rivadavia está	por la plaza Molina.

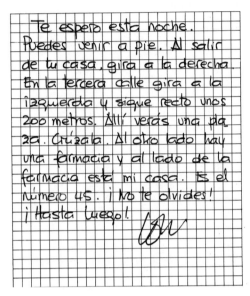

1.

Un amigo te ha dejado esta nota en casa.

> Te espero esta noche. Puedes venir a pie. Al salir de tu casa, gira a la derecha. En la tercera calle gira a la izquierda y sigue recto unos 200 metros. Allí verás una plaza. Crúzala. Al otro lado hay una farmacia y al lado de la farmacia está mi casa. Es el número 45. ¡No te olvides! ¡Hasta luego!

Marca en el plano el camino que tienes que recorrer. ¡No te equivoques!

2.

Quieres coger el Talgo Barcelona-Ginebra. Escribe a R.E.N.F.E. pidiendo información. Mira el anuncio de la página 161 del libro del alumno (3.4.).

3.

Envía una nota a un amigo tuyo, que vive fuera de la ciudad, explicándole cómo puede ir de la estación (o del aeropuerto) a tu casa:

4.

Aquí tienes un mapa de los ríos y montañas españolas. Explica dónde está cada uno de ellos:

El Guadiana está al norte del Guadalquivir.

5.

Pon los verbos en imperativo:

	TÚ	USTED
1. (SALIR) de aquí	——————	——————
2. (COGER) el metro	——————	——————
3. (HACER) las maletas	——————	——————
4. (VOLVER) pronto	——————	——————
5. (IR) al mercado	——————	——————
6. (PONERSE) a la izquierda	——————	——————
7. (SEGUIR) recto por esta calle	——————	——————

6.

Transforma según el modelo:

Acuérdate del billete. *Acordaos del billete.*

1. Pasa por Valencia. ——————————

2. Quédate en casa. ——————————

3. Ve al mercado. ——————————

4. Cruza la avenida. ——————————

5. Sube al ático. ——————————

6. Ponte en el centro. ——————————

Haz el mismo ejercicio con USTEDES.

7.

Completa con futuros:

1. Siga recto. Primero (LLEGAR, Ud.) —————— a una plaza, allí (VER, Ud.) —————— un semáforo. Gire, (IR, Ud.) —————— por una avenida muy ancha. Al final (ENCONTRAR, Ud.) —————— un parque. Allí vuelva a preguntar.

9.

2. Para ir a Covarrubias (TENER, tú) _____ que coger un tren hasta Burgos, porque no hay trenes directos.

3. ○ ¿(VENIR, tú) _____ en avión?

   ● Sí, (SALIR, yo) _____ a las nueve y media, de Barajas y (LLEGAR, yo) _____ a las once y media.

   ○ Vale, allí (ESTAR, yo) _____ .

8.

Haz frases:

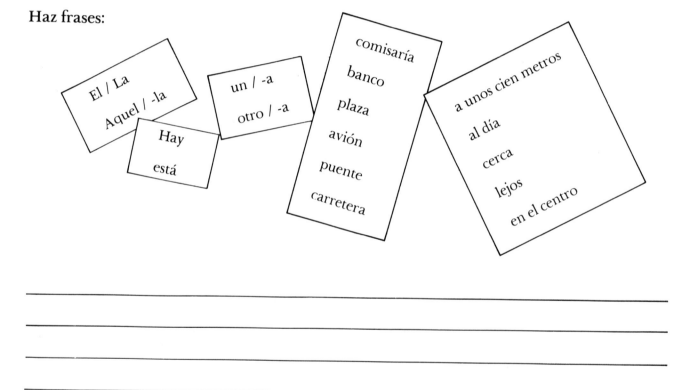

_____

_____

_____

_____

_____

_____

9.

Completa con uno/una, otro/otra, el otro/la otra, ninguno/ninguna:

○ Para ir a Segovia hay dos carreteras. _Una_ es ésta

y _la otra_ está a unos 5 kilómetros.

1. ○ En esta ciudad hay dos catedrales, _____ es aquélla y _____ está en el centro.

2. ○ Esta farmacia está cerrada. ¿Sabe si hay otra?

   ● Sí, hay _____ dos calles más abajo.

3. ○ ¿Hay otra academia de idiomas por aquí cerca?

   ● Hay _____ enfrente y _____ en la Gran Vía.

4. ○ ¿Hay una panadería por aquí?

   ● No, no hay _____ .

5. ○ ¿Sabes si hay un avión directo a Sevilla por la tarde?

   ● No, no hay _____.

6. ○ ¿Hay un tren expreso por la noche?

   ● Sí, hay _____ a las diez en punto y _____ a las once y media.

10.

Forma frases:

Enrique	pasarán		barco a Canarias
Carla y yo	iremos		pie
Mi vecino	pregunta		casa
Juan	espera	a	su casa a las diez de la noche
El jefe	va	por	mi pueblo
Mercedes	saldrá	de	sus hijos
Ustedes	entra	en	El Retiro
Antonio y Marta	llega	Ø	ti
Pepe	pasean		el Talgo
Esa gente	volverá		Madrid mañana
Ernesto			la oficina esta tarde

_____   _____

_____   _____

_____   _____

_____   _____

9.

11.(9.8.) 🔲

Sigue las instrucciones en el plano y di a qué número corresponden:

1. El Gran Hotel   n.º _____

2. La Casa de las Conchas   n.º _____

3. El Patio de las Escuelas   n.º _____

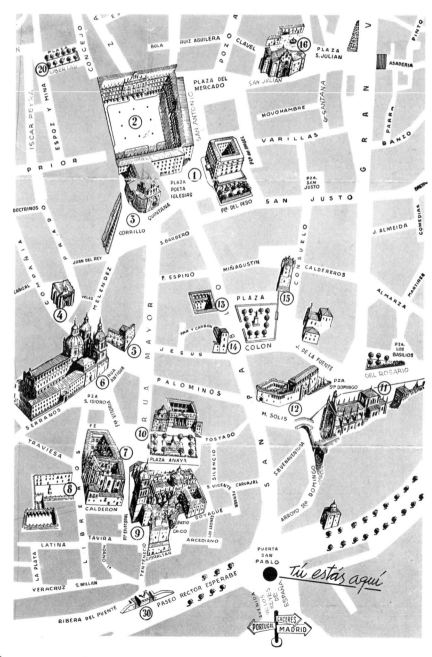

10

¡ HUY !
¡ES CARÍSIMO!

1.1.

¿Verdad o mentira?

	V	M
1. El chico de la camisa a rayas quiere cambiar el regalo.	☐	☐
2. El que lleva traje y el de los pantalones rojos van a comprar un libro.	☐	☐
3. La señora del vestido verde quiere cambiar sólo una botella de leche.	☐	☐

1.2.

Relaciona:

● ¿Ésta es mi servilleta?
● ¿Qué me recomiendas?
● ¿Cuándo estará el asado?
● ¿Siempre está lleno este bar?

○ Dentro de cinco minutos.
○ Sí, porque es muy barato.
○ No sé...
○ No, es la mía.

1.3.

Responde:

1. ¿Cuánto cuesta el piso de la calle Aragón? _____

2. ¿Por qué no les va bien este piso? _____

3. ¿Cómo es el piso de 14.000 pesetas? _____

4. ¿Tiene sol? _____

5. ¿Crees que les interesa? ¿Por qué? _____

1.

Cuatro personas han ido a un hipermercado. Cada una ha comprado un producto distinto. ¿Sabes qué es lo que han comprado, qué cantidad y cuánto les ha costado?:

jamón	
pollo	
leche	
patatas	

un litro
un kilo
un kilo
una bolsa

95 ptas.
150 ptas.
325 ptas.
1.990 ptas.

	Sra. Robles	D.ª Concha	Paco Martín	Sra. López
PRODUCTO				
CANTIDAD				
PRECIO				

1. La señora Robles no ha comprado jamón serrano.

2. Doña Concha no ha comprado pollo ni jamón.

3. Doña Concha se ha gastado menos dinero que la señora Robles.

4. Paco Martín ha comprado un litro de leche.

5. Las patatas se compran en bolsa.

6. Un producto cuesta 95 ptas.

7. El kilo de pollo cuesta 325 ptas.

8. El jamón serrano es lo más caro: cuesta 1.990 ptas. el kilo.

9. Uno se ha gastado 150 ptas.

10. La leche no es tan cara como las patatas.

10.

Has recibido esta carta. Contéstale expresando lo que tú opinas:

¡Hola! La semana que viene es el cumpleaños de Lola y he pensado regalarle algo.

Como tú la conoces más, ¿qué crees que es mejor: un bolso o unos zapatos?

Los zapatos son tan caros como el bolso, o sea que el precio no es problema.

¡Contéstame pronto! Ana

_____
_____
_____
_____
_____
_____
_____

3.

En esta "sopa de letras" está todo lo que tienes que comprar. Búscalo todo y no te olvides de nada:

```
A T O M A T E S C A M E S        – aceite
E N A T A X H U E V O S I
M I U N T E C I J A M O N
I R S E T I E C A S T R A
F C A F E R L O T V I N O
```

4.

Completa según el modelo:

A _mí_ me gustan las gambas, pero a Carlos _le_ encantan.

1. ¿A _____ te va bien empezar a las ocho?

2. A Carlos y Laura no _____ va bien cenar a las nueve.

3. ¿_____ parece bien este restaurante, señores?

4. ¿_____ va bien el vestido a la niña?

5. ¿Cómo?¿A Pepe y a ti _____ ha gustado esta película? A nosotros no _____ ha gustado nada.

6. Miren este apartamento.¿Qué _____ parece? ¿ _____ gusta?

7. Oye, ¿qué _____ parece la nueva secretaria? A _____ me parece muy inteligente.

8. Mirad qué vestido tan bonito, ¿no _____ gusta?

5.

Completa con un posesivo:

Señor Pérez, _su_ mujer lo llama por teléfono.

1. ¿No has visto _____ reloj? No sé dónde lo he puesto.

2. Mi vecina está enferma y yo he ido a llevar a _____ hijos al colegio.

3. ¡Hola, Ricardo! ¡Hola, Julia! ¿Qué tal _____ familia?

4. Oye, guapo, ¿dónde están _____ papás? ¿Trabajando?

6.

Completa con los posesivos adecuados:

O Pues _mi_ médico no me gusta nada.

● ¿Por qué no vas a ver a _el mío_?

1. O _____ cumpleaños es el 15 de febrero.

   ● Pues _____, el 5 de octubre.

2. O Esperad un momento, ¿dónde están _____ maletas?

   ● No sé. _____ están aquí.

3. O Oiga, ¿es ésa _____ moto?

   ● No, _____ es aquélla.

4. O Escuchen, _____ paquetes ya están preparados. Pueden pasar a recogerlos.

   ● María, coge tú _____, que yo cogeré _____.

5. O Mirad, ésta es _____ habitación. _____ está en el primer piso, y la de Gloria y Quique en la

   planta baja.

10.

Completa con esto/este, -a, -os, -as y el verbo SER, **si es necesario.**

1. O Oiga, camarero, ¿ _____ carne o pescado?

   ● _____ pescado.

2. O Perdón, señor; ¿mi paquete _____ ?

3. O Mira _____ camisas, a ver cuál te gusta más.

   ● _____ me parece muy bonita, pero un poco cara. _____ no me gusta, _____ tampoco,

   _____ está muy bien de precio y es muy bonita.

4. O ¿No has traído nada para los niños de Angel?

   ● Sí, mira, les traigo _____.

   O A ver, ¿qué es?

   ● Mira, _____ unos rompecabezas. El pequeño para Javi y el grande para Alicia, ¿Cuál te gusta más?

   O _____

   ● ¿El de Javi?

   O Sí, el de Javi.

8.

Compara, usando más / menos... que – tanto... como:

En Bilbao llueve mucho. En Sevilla llueve poco.

En Bilbao llueve más que en Sevilla.

1. Rafa pesa 56 kilos. Antonio pesa 56 kilos.

   _____

2. El piso de Gerardo cuesta 25.000 ptas./mes. El piso de Antolín cuesta 23.000 ptas./mes.

   _____

3. Esta gramática vale 3.200 ptas. Este diccionario vale 3.200 ptas.

   _____

4. Fermín trabaja 40 horas/semana. Jorge trabaja 38 horas/semana.

_____

5. Gregorio fuma 20 cigarrillos/día. Dolores fuma 10 cigarrillos/día.

_____

6. Cristina duerme 7 horas/día. José Luis duerme 7 horas/día.

_____

9.

Forma frases:

| Este piso es
Aquella barbería es
Diego juega al fútbol
Isabel trabaja
Marisa habla
Los hoteles madrileños cuestan
Zaragoza es | tan
tanto | bien
Ø
cara
grande
céntrico | como | Sevilla
los de Barcelona
su madre
su mujer
Enrique
ésta
el otro |

10.

Completa con me, te, le, nos, os, les:

1. ○ ¿A vosotros _____ gusta este hotel? pues a mí no _____ gusta nada.

2. ○ A Carlos y Marta nuestro coche _____ ha parecido demasiado grande.

3. ○ ¿ _____ va bien esta habitación, señores?

   ● Sí, _____ va muy bien, gracias.

4. ○ ¿A usted, señor Gutiérrez, qué piso _____ parece mejor?

   ● A mí _____ gusta mucho el céntrico pero a mi mujer _____ parece poco soleado.

5. ○ Señora, ¿ _____ han gustado los macarrones?

   ● Sí, gracias.

6. ○ Carlos, ¿qué _____ parece esta cámara fotográfica para Ricardo?

   ● Es muy bonita y _____ irá muy bien porque no tiene ninguna.

10.

11.

Completa con un poco, bastante, muy, demasiado, el/la más:

1. O ¿Por qué no te compras este libro sobre Picasso?

   ● Porque es _____ caro, cuesta 15.000 pesetas.

2. O ¿Le pongo estas manzanas?

   ● No, aquellas rojas; éstas están _____ verdes.

3. O Mauro, ¿qué helado quieres?

   ● Ese, _____ _____ grande.

4. O Para ti _____ pequeña de las bicicletas, y tú, Raúl, coge _____ grande.

   ● ¡Ah, no! Esa es _____ alta para mí.

5. O ¿Llueve?

   ● Sí, _____ Coge el paraguas, el impermeable y las botas de agua.

12.(10.7.) 📼

Escucha este diálogo y completa las palabras que faltan:

O ¿Sabes? He encontrado _____.

● _____ ¿Cómo es?

O _____ Mira, tiene tres habitaciones, dos _____ y un comedor muy grande con una

_____.

● Oye, pues está muy bien. ¿Y el alquiler _____?

O Hombre... _____ caro. _____. _____ es que no _____ ascensor.

● _____

O Pues sí.

● ¿Y _____ barrio está?

O En un barrio muy _____. Está _____ diez minutos de la Plaza Mayor. Así que a ver

cuándo vienes _____.

11

ESTE CHICO ME CAE MUY BIEN.

1.1.

¿Verdad o mentira?

		V	M
1.	Detrás del cristal hay dos personas. El que ya ha entrado estaba bastante nervioso.	☐	☐
2.	El chico de ayer no era tan responsable como el que está saliendo.	☐	☐
3.	El señor de la chaqueta azul cree que el primero que ha entrado es un pedante.	☐	☐
4.	Al señor de la camisa verde el chico que sale le parece demasiado joven para este trabajo.	☐	☐
5.	La chica rubia de jersey rojo no está de acuerdo con el de la chaqueta blanca.	☐	☐
6.	Susi está enfadada con el jefe.	☐	☐

1.2.

Responde:

1. ¿Qué le parece Yasser a Monika? _____

2. ¿Qué gustos tiene Yasser? _____

3. ¿Cómo se entienden? _____

4. ¿Cómo cree Aurora que es Yasser? _____

5. ¿Aurora va a conocer a Yasser? ¿Cómo lo sabes? _____

1.

Lee este anuncio:

Soy un chico de 20 años que me encuentro bastante solo ya que soy muy tímido. Desearía encontrar alguna chica de 18 a 20 años, para poder mantener una amistad. Mido 1,80, peso 110 kilos, pelo castaño y me gustan los deportes en general y la música «disco». Ruego a las chicas que sean de Madrid o alrededores, y que manden foto si es posible. Mis señas son:
Julián Erustes Castellanos
C. Marqués de la Ensenada

... y ahora contesta las preguntas:

1. ¿Qué quiere?

_____

_____

2. ¿De dónde es?

_____

3. ¿Cómo es el chico?

_____

4. ¿Qué le gusta?

_____

Ahora escribe un anuncio como éste:

_____

_____

_____

_____

2.

¿Qué indica cada expresión? Márcalo con una cruz (x).

	acuerdo	desacuerdo	acuerdo parcial/ desacuerdo parcial
¿Tú crees?			
¡Qué va!			
Sí, quizás sí.			
Tienes razón			
Yo creo que sí			
Es verdad.			

3.

Cuatro personas están en un tren. Rellena el cuadro con los datos que corresponden a cada una:

EDAD
50
27
25
45

ROPA
vestido
traje
jersey de lana
pantalones de pana

CÓMO ES
simpático
amable
responsable
pedante

QUÉ LE PASA
serio
cansado
nervioso
triste

Persona	Edad	Ropa	¿Cómo es?	¿Qué le pasa?
SEÑORA				
CHICA				
CHICO				
SEÑOR				

1. La señora lleva un vestido muy bonito pero no es nada simpática ni amable.

2. La persona que lleva traje no está seria pero está cansada.

3. Una de las mujeres tiene 25 años y parece muy simpática.

4. Uno de los dos jóvenes tiene 27 años.

5. Uno de los dos jóvenes lleva un jersey de lana.

6. La persona de pantalones de pana no está nerviosa.

7. La persona que lleva jersey de lana es muy amable pero está muy nerviosa.

8. El joven que no lleva jersey de lana está triste.

9. El que lleva traje es el mayor de todos y es muy responsable.

10. La persona que tiene 45 años es muy pedante.

4.

Escribe un diálogo:

o _____ (DA SU OPINIÓN SOBRE ALGUIEN O ALGO)

_____

● _____ (NO ESTÁ DE ACUERDO)

_____

o _____ (JUSTIFICA SU OPINIÓN)

_____

● _____ (DA SU ACUERDO PARCIAL)

_____

5.

Completa la segunda frase según el modelo:

o Alberto es argentino, ¿no?

● *No, me parece que es chileno.* _____ (CHILENO)

1. o Maite es joven, ¿no?

   ● _____ (20 AÑOS)

2. o Ramón vive en Cádiz, ¿no?

   ● _____ (BURGOS)

3. o A Luis le gusta mucho el fútbol, ¿no?

   ● _____ (BALONCESTO)

4. o Teresa no está casada, ¿no?

   ● _____ (SOLTERA)

11.

6.

Haz la segunda frase usando me gusta/me ha gustado:

Todos los años voy a Italia. _Me gusta mucho._

He visitado Nápoles. _Me ha gustado mucho._

1. Esta semana he visto dos películas españolas. _____

2. Todos los domingos voy a ver exposiciones de pintura. _____

3. He leído la última novela de J. Goytisolo. _____

4. Pablo juega al tenis todos los jueves por la noche. _____

5. Viaja mucho. _____

7.

Completa con como o porque:

1. Esta chica no me cae bien _____ habla demasiado.

2. _____ está enferma, no ha venido a clase.

3. Viaja mucho _____ su familia tiene mucho dinero.

4. _____ estoy muy cansado, no tengo ganas de ir a la fiesta de Toni.

5. Estoy muy preocupada _____ no encuentro trabajo.

6. _____ tiene 18 años, va a empezar este año la Universidad.

7. Salimos siempre juntas _____ son muy majas.

8.

¿Ya o todavía no?

1. ○ ¿Has desayunado?

   ● No, _____

2. ○ ¿Ya han terminado el trabajo?

   ● Sí, _____

3. ○ ¿Han venido tus padres?

   ● No, _____

4. ○ ¿Ha llegado el tren de Burgos?

   ● Sí, _____

5. ○ ¿Has hecho los deberes?

   ● No, _____

6. ○ ¿Habéis leído el "Diario 16" de hoy?

   ● Sí, _____

9.

Completa con el Imperfecto del verbo ESTAR:

1. Hemos hecho el examen muy mal porque _____ muy nerviosos.

2. No fueron a casa de Mabel porque _____ cansados.

3. No he cogido el teléfono porque _____ en la terraza.

4. No habéis entendido la película porque _____ hablando.

5. Ha venido a verme porque _____ preocupado.

10.

Completa con algo, alguien, nada, nadie:

1. ○ Iván, ¿qué estás comiendo?

   ● _____, mamá.

2. ○ ¿Vive _____ en el piso de al lado?

   ● No, _____; está vacío.

3. ○ No han dicho _____ sobre los exámenes, ¿verdad?

   ● No, _____. Bueno... sí, que _____ ha contestado bien la pregunta número

   ocho; todos la hemos hecho mal.

4. ○ Hola, ¿me ha llamado _____?

   ● No, _____

11.

○ *¿Qué le pasa a Raúl?*   ● Está muy nervioso.

1. ○ _____ ● Muy responsables.

2. ○ _____ ● Está bastante preocupado.

3. ○ ¿Qué le pasa a Susi? ● _____

4. ○ _____ ● Bastante amable.

5. ○ ¿Cómo es el nuevo jefe? ● _____

6. ○ ¿Qué te pasa? ● _____

11.

12. (11.7.) ▭

¿Están o no están de acuerdo? Señálalo con una cruz:

	ACUERDO		DESACUERDO	
	PARCIAL	TOTAL	PARCIAL	TOTAL
1.				
2.				
3.				
4.				

13. (11.8.) ▭

Coloca cada palabra en la columna que le corresponda según el acento:

	╱ __ __ __	__ ╱ __ __	__ __ __ ╱
1.			
2.			
3.			
4.			
5.			
6.			
7.			
8.			
9.			
10.			
11.			
12.			

12

¿NO HABÉIS ESTADO NUNCA EN GRANADA?

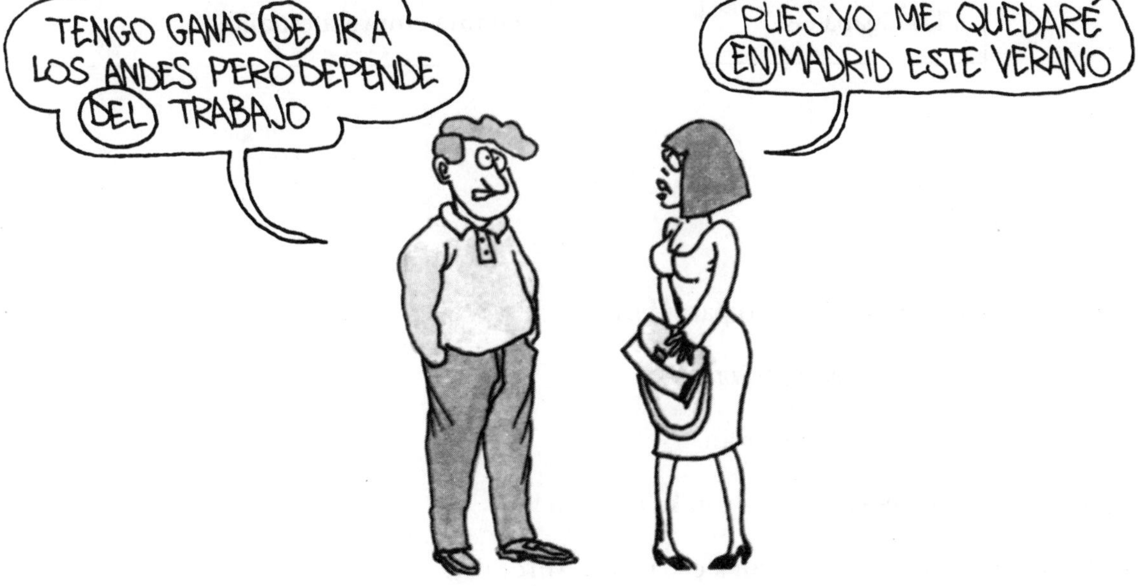

12.

1.1.

¿Verdad o mentira?

		V	M
1.	La señora del vestido lila quizá está enferma del corazón.	☐	☐
2.	El chico que está sentado a la izquierda de la señora que está leyendo se ha roto el brazo bastantes veces.	☐	☐
3.	A una niña le duele la garganta y no llora.	☐	☐
4.	La chica que sale del médico tiene una pequeña enfermedad.	☐	☐

1.2.

Relaciona:

Ha trabajado	terminó la carrera.
Hace 15 años que	trabajando en Colombia.
Estuvo seis años	en otra empresa como ésta.
Nunca ha estado	el Departamento de Control de Calidad.
Trabajaba en	en una empresa española.

1.3.

Responde:

1. ¿Cuándo cogerán el barco para Ibiza?

2. ¿Qué piensan hacer en Ibiza?

3. ¿Cuánto tiempo se quedarán?

4. ¿Cuántas veces ha estado Monika en Ibiza?

5. ¿Qué día de la semana van a cenar con Aurora?

1.

Has visto un anuncio de un trabajo que te interesa. Escribe una carta y explica tu currículum.

2.

Recibes esta carta. Léela atentamente.

Santander, 28 - IX - 93

Querido primo:
¿Qué tal por ahí? Nosotros bien. Ya hemos vuelto. Se han terminado las vacaciones y ahora, a trabajar, como siempre.
La primera semana estuvimos en Cuenca y fuimos al Museo de Arte Moderno. ¿Has estado alguna vez? Es muy interesante. Vale la pena.
Del día 9 al 18 fuimos a casa de mis suegros. Está en la Sierra, muy cerca de Madrid. Como hacía buen tiempo, estábamos todo el día en el jardín.
El 16 fui a Madrid y me quedé hasta el 18 por la mañana. Estuve en casa de los Galdós, en Puerta de Hierro. Tú no la has visto, ¿verdad?. ¡Es increíble!
Bueno, acabo ya esta carta. Escribe y dinos cuándo piensas venir y qué piensas hacer. No te preocupes por el dinero: aquí tienes casa y comida.
Un abrazo
Pepe

Y ahora contesta a estas preguntas:

1. ¿Cuánto tiempo estuvieron en casa de su suegro?

_____

2. ¿Cuándo fueron a Cuenca?

_____

3. ¿Qué tiempo hacía en la Sierra?

_____

4. ¿Cuántos días estuvo en Madrid?

_____

5. ¿Pepe ha ido alguna vez al Museo de Arte Moderno de Cuenca?

_____

12.

3.

Forma frases:

Está lloviendo		están casados.
Marta e Ignacio viven en este piso		las nueve.
El director está de viaje	desde	1978.
La señora Ramírez trabaja en esta empresa		la semana pasada.
Mi tío se encuentra mejor	desde que	el 15.
Esta panadería está cerrada		toma estas pastillas.

4.

Conozco a Pedro desde hace 16 años.	*Hace 16 años que conozco a Pedro.*
_____	Hace 4 horas que estoy aquí.
Camilo cena en el café Gijón desde hace ocho meses.	_____
_____	Hace dos horas y media que están reunidos.
Los Arroyo compran el vino en esta tienda desde hace muchos años.	_____
_____	Hace 10 horas que está durmiendo.

5.

Completa las palabras que faltan, formando así frases equivalentes:

1. Todos los lunes María va al cine.

   – María va al cine ___*una vez*___ por semana

   – María va al cine ___*cada*___ lunes.

2. Casi nunca cenamos fuera de casa.

    – Sólo cenamos fuera de casa _____

    – Sólo cenamos fuera de casa _____

3. Le gusta ir a esquiar cada fin de semana.

    – Le gusta ir a esquiar _____ fines de semana.

4. Todos los días, después de comer, Fernando me llama por teléfono.

    – _____ día, después de comer, Fernando me llama por teléfono.

    – Después de comer, Fernando me llama _____ por teléfono.

5. D. Ramón va a Madrid alguna vez.

    – D. Ramón no va _____ a Madrid.

    – D. Ramón sólo va a Madrid _____

6.

Forma frases:

Estaremos en Bolivia		lunes
Nos quedamos en casa de Pili	desde	septiembre
Le gusta ver las noticias	Ø	el lunes
Empezará a trabajar	cada	noviembre
Ha vivido en México de enero	a	noche
Estuvieron en su pueblo desde julio	hasta	un mes
Está en el hospital	dentro de	la noche
Tiene que ir al consulado		dos meses

7.

Contesta en forma negativa:

1. O Señorita, ¿me ha llamado alguien?   ● *No, no le ha llamado nadie.*

2. O Paca, ¿has comprado algo?   ● _____

12.

3. ○ ¿Habéis estado en Buenos Aires alguna vez?   ● _____

4. ○ ¿Quién ha venido esta tarde?   ● _____

5. ○ ¿Qué habéis preparado para comer?   ● _____

6. ○ ¿Cuándo ha estado Juan en La Coruña?   ● _____

7. ○ ¿Has visto a alguien en la escalera?   ● _____

8.

Responde, según el modelo:

○ ¿Me has traído el vestido de la tintorería?

● No, _no te lo he traído._

1. ○ ¿Te has cortado el pelo?

   ● No, _____

2. ○ ¿Os habéis arreglado la habitación?

   ● Sí, ya_____

3. ○ ¿Os habéis comprado ya el vídeo?

   ● Sí, ya_____

4. ○ ¿Seguro que me has enviado la carta?

   ● Sí, _____

5. ○ ¿Joaquín te ha pagado las entradas?

   ● Sí, ya _____

6. ○ ¿Te has comprado aquel vestido?

   ● No, todavía _____

9.

Transforma según el modelo:

¿Se la envías? _Envíasela._

Dámelo _¿Me lo das?_

1. ¿Lo coges? _____

2. ¿Te lo llevas? _____

3. Recuérdaselo_____

4. ¿Se lo pagas? _____

5. Pásaselo _____

6. ¿Me lo dices? _____

10.

Responde, según el modelo:

○ ¿Les habéis traído el regalo a los niños?

● Sí, *se lo hemos traído.*

1. ○ ¿Le has dado los paquetes a la vecina?

   ● Sí, ya _____

2. ○ ¿Les has quitado las botas a los niños?

   ● Sí, ya _____

3. ○ ¿Le han pagado los billetes de tren a Santiago?

   ● No, todavía no _____

4. ○ ¿Les habéis pedido los mapas a vuestros amigos?

   ● Sí, ya _____

5. ○ ¿Le has comprado el regalo a Susana?

   ● No,_____

11.

Completa con las formas correspondientes del pretérito indefinido:

1. ○ ¿Qué (HACER/tú) _*hiciste*_ anoche?

   ● Primero (IR/yo) _*fui*_ a cenar a un restaurante chino, y después (ESTAR/yo) _*estuve*_

   en la terraza de un bar.

2. ○ ¿Qué (HACER/ustedes) _____ el verano pasado?

   ● No (HACER/nosotros) _____ nada especial.

3. ○ ¿(SER) _____ interesante la ópera de anoche?

   ● Los dos primeros actos (SER) _____ interesantes, pero el último (SER) _____

   muy malo.

4. ○ ¿Qué (HACER/vosotros) _____ ayer por la mañana?

   ● (TENER/nosotros) _____ que ir al médico con el niño.

12.

5. ○ ¿Qué (PASAR) _____ el fin de semana en la excursión?

● Nada, que (TENER/ellos) _____ que volver dos horas antes.

12.

Completa con de, a, en o Ø:

1. ○ Tengo muchas ganas ____ ir ____ Egipto.

● Es muy bonito. Yo fui ____ Assuan el año pasado.

2. ○ ¿Os quedaréis ____ Bilbao este verano?

● No, tenemos ganas ____ hacer un viajecito.

3. ○ ¿Iréis ____ Ibiza?

● Depende ____ el dinero, pero creo que sí.

○ Id ____ los pueblecitos del Sur; son muy bonitos.

4. ○ ¿Cuánto tiempo estuviste ____ la India, Vicente?

● La primera vez estuve ____ nueve meses y la segunda estuve ____ un mes.

5. ○ ¿Qué hacías ____ Francia?

● Trabajaba ____ la Universidad.

6. ○ Ese hotel es muy caro.

● Bueno, si es muy caro, cambiaremos ____ hotel.

7. ○ ¿Os quedaréis ____ Atenas?

● No, iremos ____ la costa griega.

13. (12.7.) ▭

Escucha los diálogos y responde a estas preguntas:

1. ¿Quién fue a Madrid?

2. ¿Quién hizo el examen de conducir?

3. ¿Quién tuvo un niño?

13

A VER SI VENÍS A CENAR...

1.1.

Relaciona:

● | Mamá, Juanito es un estúpido.
¿Me deja un momento el bolígrafo?
¿Tiene cambio?
A ver si vienen a comer con nosotros.
¿A qué hora te va bien?

○ | A las nueve y media.
Vale, ¿qué día les va bien?
Eso no se dice.
Lo siento, sólo llevo un billete de mil.
Sí, tome.

1.2.

¿Verdad o mentira?

	V	M
1. No van a ir a comer a un hotel.	☐	☐
2. Aún tienen un poco de dinero.	☐	☐
3. Van juntos a reservar mesa por teléfono.	☐	☐
4. Hace muy buen tiempo.	☐	☐

1.

Has recibido esta postal.

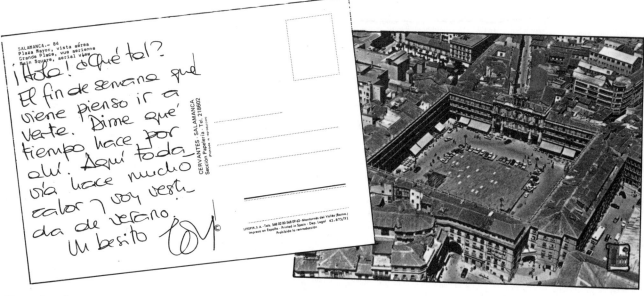

Contéstale:

_____

_____

_____

2.

La Sra. Concha está enfadada con su marido y hace un cartel, prohibiéndole, ordenándole y pidiéndole 10 cosas, para colgarlo en la pared y que él las vea cada día. Ayúdale a hacer el cartel:

13.

3.

Contesta a esta nota que te ha dejado un amigo en el buzón de tu casa:

¡Hace siglos que no nos vemos!
Tengo muchas ganas de verte...
Escríbeme a casa y dime cuándo que-
damos, dónde y a qué hora ...
Te espero

_____

_____

_____

_____

_____

_____

4.

Completa según el modelo:

¿Por qué te levantas tan pronto? _No te levantes tan pronto._

1. ¿Por qué compras ese regalo? _____

2. ¿Por qué dejas tus cosas por el suelo? _____

3. ¿Por qué invitas a Carmen? _____

4. ¿Por qué cambias los dólares? _____

5. ¿Por qué te quedas en un hotel? _____

Escribe las frases del ejercicio anterior en la forma USTED.

5.

Completa según el modelo:

¿Por qué discutes con tus amigos? _No discutas con tus amigos._

1. ¿Por qué escribes las postales ahora? _____

2. ¿Por qué bebes tanta cerveza? _____

3. ¿Por qué coges el metro? _____

4. ¿Por qué subes a pie? _____

5. ¿Por qué corres tanto? _____

6. ¿Por qué ves esta película? Es muy mala, _____

7. ¿Por qué comes tantos bocadillos? _____

8. ¿Por qué abres esa puerta? _____

6.

Completa según el modelo:

¿Por qué sales esta tarde? _No salgas esta tarde._

1. ¿Por qué pides el menú? _____

2. ¿Por qué vienes en barco? _____

3. ¿Por qué haces carne para cenar? _____

4. ¿Por qué dices esas cosas? _____

5. ¿Por qué duermes tanto? _____

6. ¿Por qué cierras esa ventana? _____

7. ¿Por qué tienes tanta prisa? _____

8. ¿Por qué repites este ejercicio? _____

9. ¿Por qué sigues por esta calle? _____

10. ¿Por qué te despiertas tan pronto? _____

Escribe las frases del ejercicio anterior en la forma USTED.

7.

Pon los verbos en la forma correcta:

1. Nos (APETECER) _____ mucho ir a las playas de San Sebastián.

2. ¿Les (APETECER) _____ unas olivas?

3. ¿Os (IR) _____ bien esta habitación?

13.

4. ¿Les (APETECER) _____ ir a un casino?

5. No nos (IR) _____ bien salir esta noche con los Martínez.

6. Estos zapatos no me (IR) _____ muy bien.

7. ¿Te (IR) _____ bien llamarme a las 8h.?

8. Señor Antonio, ¿le (APETECER) _____ un poco más de vino?

9. ¿Os (APETECER) _____ tomar algo?

8.

Completa con me he quedado/he quedado:

1. Este fin de semana no he hecho nada especial. _____ en casa.

2. Este mediodía he ido a ver a Beatriz y _____ a comer con ella. Hemos comido muy bien.

3. Esta tarde no puedo ir a tu casa. _____ con Alfredo para ir al cine.

4. Este fin de semana no podremos vernos. _____ con Pablo para ir a Aranjuez.

5. Me voy porque tengo prisa. _____ con mis compañeros de trabajo a las 9 h.

9.

Lee estas cantidades:

+ 17º *Diecisiete grados sobre cero.*

+ 15º _____   −6º _____

− 9º _____   + 11º _____

+ 33º _____   −16º _____

+ 46º_____   −24º _____

10.

Completa según el modelo:

Te duele la cabeza porque lees mucho; *no leas tanto.*

1. No tienes tiempo porque miras mucho la tele; _____

2. Estás cansado porque trabajas mucho; _____

3. Estás gordo porque comes mucho; _____

4. Tienes tos porque fumas demasiado; _____

5. Gastas mucho dinero porque sales todos los días; _____

6. No le caes bien porque discutes mucho; _____

7. Gastas mucho en teléfono porque llamas mucho al extranjero; _____

11.

Completa según el modelo:

Has comprado mucha fruta; _¿ por qué has comprado tanta ?_

1. Habéis hecho muchas fotos; _____

2. Han preparado muchos bocadillos; _____

3. Ha comprado muchos sellos; _____

4. Tomas muchas aspirinas; _____

5. Le han hecho muchos regalos; _____

6. Lleváis muchas maletas; _____

12.

Completa con tanto/mucho:

1. Tienes que hacer cola; hay _____ gente.

2. No sé qué pasa. ¿Por qué hay _____ gente allí?

3. Tiene usted que beber _____ agua.

4. Te oigo muy bien; no grites _____

5. ¿Qué llevas en esta bolsa? Pesa _____

6. Oye, Jaime, esta noche no bebas _____

7. Este chico no me cae muy bien porque habla _____

8. ¿Por qué trabajáis _____?

9. Este niño duerme _____.

10. Ya te has comido dos platos de arroz. No comas _____.

13.

Completa con presentes:

1. Si queréis, esta tarde (IR/nosotros) _____ juntos a casa de Arturo.

2. Si (QUERER/tú) _____, te despierto a las 8 h.

3. Si a Enrique le apetece, (PODER/él) _____ venir contigo a mi fiesta de cumpleaños.

4. Si te (IR) _____ bien, quedamos el lunes a las 10 h.

5. Si no te apetece salir, (PODER/nosotros) _____ quedarnos en casa.

6. Si no os va bien llamarme, (ENVIAR/vosotros) _____ una postal y ya está.

14.

Completa con imperativos:

1. Si quieres, (LLAMAR, tú) _____ por teléfono a Emilia.

2. Si puedes, (LLEGAR/tú) _____ temprano.

3. Si os va bien, (VENIR/vosotros) _____ a cenar el sábado.

4. Si queréis, (QUEDARSE/vosotros) _____ a dormir en mi casa.

5. Si necesita papel, (COGER/usted) _____ estas hojas.

6. Si te duele la muela,(IR/tú) _____ al dentista.

15. (13.8.) 🔲

Escucha el diálogo y responde a estas preguntas:

1. ¿A dónde van a ir el chico, la chica y Jaime? _____

2. ¿Cuándo?_____

3. ¿Dónde quedan y a qué hora?_____

14

¡AH! NO LO SABÍA.

14.

1.1.

¿Verdad o mentira?

		V	M
1.	El próximo en actuar es Aute.	☐	☐
2.	El chico de la camisa a rayas no sabía que Serrat cantaba en castellano.	☐	☐
3.	El del jersey verde está seguro de que ha visto a Lole y Manuel en las fiestas de San Isidro.	☐	☐
4.	Una de las dos chicas que están hablando no ha oído lo que le ha preguntado la otra.	☐	☐
5.	Amancio Prada ya ha actuado.	☐	☐

1.2.

Responde:

1. ¿Quién ha dejado una nota y por qué?_____

2. ¿Por qué se preocupa Monika?_____

3. ¿Le pasa algo al padre de Monika? ¿Tú qué crees? _____

4. ¿Por qué Lola le pregunta la fecha a Monika? _____

1.

Escribe lo que pone en estas tarjetas:

1. _____

2. _____

3. _____

4. _____

5. _____

6. _____

14.

2.

Recibes esta carta de Rafael:

> Querido amigo:
>   ¿Cómo estás? Ya hace una semana que estoy en este pueblo: aún no tengo amigos ni conozco a nadie. A lo mejor viene Enriqueta a verme este fin de semana.
>   Por la mañana voy a trabajar y por la tarde me quedo en casa y estudio, leo, veo la tele...
>   He leído una novela muy buena, la última de Cela. ¿La has leído? Te la recomiendo. Creo que te gustará.
>   Me parece que hasta la primavera no puedo ir a veros. ¿Vais a venir?
>   No sé nada de Tito. He llamado a su casa y nunca hay nadie. ¿Dónde puede estar?
>   Por favor, escríbeme pronto y cuéntame muchas cosas.   Un abrazo Rafa

Y ahora tú escríbele a Tito explicándole lo que te dice Rafael.

3.

Descubres que estás mal informado:

● tu amigo

○ tú

1. ● En España llueve bastante en otoño.

   ○ _____

2. ● En Paraguay se habla el guaraní.

   ○ _____

3. ● La avenida más ancha del mundo está en Buenos Aires.

   ○ _____

4. ● El español es la tercera lengua más hablada del mundo.

   ○ _____

5. ● No en todos los países de habla hispánica se usan dos apellidos como en España.

   ○ _____

6. ● El flamenco es un baile andaluz, pero en España se baila también la jota, la sardana, la muñeira, ...

   ○ _____

7. ● García Márquez consiguió el Premio Nobel hace poco tiempo.

   ○ _____

4.

Marca con una cruz (x) la respuesta adecuada:

1. ● _____

   ○ Sí, claro: Calle Ibiza, 39, 1.º 3.ª.

   a. ¿Dónde vivís?

   b. ¿Me dais vuestra dirección?

   c. ¿Estáis aquí?

2. Siga por esta calle. Antes del cruce _____ una iglesia.

   a. verá

   b. ve

   c. encuentra

3. ● _____

   ○ Son unas revistas para Gustavo.

   a. ¿Estas qué son?

   b. ¿Esto qué es?

   c. ¿Estos qué son?

4. ¿_____ es la diferencia entre "traer" y "llevar"?

   a. Qué

   b. Cuál

   c. Cómo

5. Este niño es demasiado pequeño _____ ir en moto. ¿No crees?

   a. para

   b. por

   c. a

6. ● _____

   ○ Le gusta mucho jugar al ajedrez.

   a. ¿Qué le gusta hacer?

   b. ¿Cuál le gusta?

   c. ¿Qué gusto tiene?

7. ● ¿Esos niños son los hijos de Teresa?

   ○ No, esos son los míos, _____ son aquellos.

   a. suyos

   b. las suyas

   c. los suyos

8. Este tabaco no es tan fuerte _____ el tuyo.

   a. que

   b. como

   c. de

9. ● ¡Qué simpático el nuevo profesor!, ¿no?

   ○ Sí, es _____ agradable.

   a. bastante

   b. un poco

   c. demasiado

10. ● ¿Has entendido algo?

    ○ No, no he entendido _____.

    a. nadie

    b. algo

    c. nada

11. ● ¿Has escrito a tus padres?

    ○ _____.

    a. Aún no

    b. Todavía

    c. Ya no

12. ● No he estudiado nada y mañana tengo examen de Matemáticas.

    ○ _____, será muy fácil.

    a. ¿De veras?

    b. ¿Sí?

    c. No te preocupes

13. Conozco a Jacinta _____ muchos años.

    a. hace que

    b. desde hace

    c. desde

14. ● ¿Dónde cenamos? ¿Por qué no vamos a un restaurante chino?

    ○ _____.

    a. Vale, de acuerdo.

    b. Porque no hay.

    c. A ver si vamos.

15. Niños, ¿qué os _____ para cenar?

    a. apetecen

    b. apetecéis

    c. apetece

16. ● ¿Vais a salir esta noche?

    ○ ¿Qué dice Julia?

    ▲ _____ vamos a salir esta noche.

    a. Pregunta si

    b. Dice que

    c. Pregunta que

17. ¡El teléfono! ¿Quién _____ llamar tan tarde?

    a. puede

    b. tiene que

    c. va a

18. Hemos salido _____ Valencia a las 8h. y hemos llegado _____ Madrid a las 12,30 h.

    a. desde   a. en

    b. a   b. a

    c. de   c. hasta

19. ● ¿Cómo vais a Canarias?

    ○ _____ avión.

        a. con

        b. por

        c. en

20. ● ¿Está el Sr. Hernando?

    ○ Sí, un momento. ¿_____?

    ● De Jaime Alcaraz.

        a. ¿De parte de quién?

        b. ¿Quién le llama?

        c. ¿Quién es?

21. ● ¿Su dirección, por favor?

    ○ _____

        a. 42, Calle Zaragoza, ático, 2.ª

        b. 2.ª, ático, 42, Calle Zaragoza

        c. Calle Zaragoza, 42, ático, 2.ª

22. En Navidad _____ compra muchos regalos.

    a. la gente

    b. se

    c. muchas personas

23. El puerto está _____ unos 15 minutos en coche.

    a. cerca

    b. a

    c. en

24. ● ¿No está Fermín?

    ○ No, está _____ vacaciones.

        a. en

        b. de

        c. a

25. Toma estos papeles y _____ a tus alumnas, por favor.

    a. dáselos

    b. dáselas

    c. dalelas

26. ● No me gusta este coñac.

    ○ ¿Qué dice Pablo?

    ▲ Que no _____ gusta este coñac.

    a. se

    b. me

    c. le

27. Oye, es la tercera cerveza que pides. No _____, que tienes que conducir.

    a. bebas tanto

    b. bebes mucho

    c. bebas mucho

28. ● ¿Qué tiempo hace?

    ○ Hay_____.

    a. mucha niebla

    b. buen tiempo

    c. bastante frío

29. ● ¿No te _____ ir a la playa el domingo?

    ○ Vale, de acuerdo. Vamos a Torremolinos.

    a. gustaría

    b. gusta

    c. ha gustado

30. ● ¿Sabes algo de Francisco?

    ○ No, no ha venido a casa _____ ha llamado por teléfono _____ ha escrito.

    a. ni... ni

    b. no... no

    c. y... no

31. ● ¿Tenéis teléfono?

    ○ _____

    a. Sí, es el 3180072.

    b. No, tenemos.

    c. Sí, tenemos.

32. ¿_____ este cuadro? Es para un regalo...

    a. Envuélvanos

    b. Puede usted envolvernos

    c. Se puede envolver.

33. Ha llamado el Sr. López y ha preguntado _____ vosotros.

    a. a

    b. por

    c. para

34. Oiga, por favor, ¿está cerca _____ Correos?

    a. un

    b. los

    c. Ø

35. ● ¿Sabes _____ ha llegado Flores?

    ○ Sí, ya ha llegado.

    a. si

    b. cuando

    c. Ø

36. ¡Oh! ¡Es una piscina muy grande!

    a. ¡Qué gran piscina!

    b. ¡Qué grande piscina!

    c. ¡Qué piscina tan grande!

37. _____ no _____ gusta nada escribir a máquina.

    a. Yo... me

    b. A mí... Ø

    c. A mí... me

38. ● No he visto a tu hermana en la fiesta.

    ○ No ha ido. _____ muy cansada.

    a. Estaba

    b. Es

    c. Era

39. ● Este chico es un pesado.

    ○ _____. A mí me cae bien.

    a. ¿Tú crees?

    b. ¿No crees?

    c. Sí, quizás sí.

40. _____ no me habéis llamado, me he quedado en casa.

    a. Ø

    b. Porque

    c. Como

41. ● ¿Qué le pasa?

    ○ _____ preocupado porque tiene problemas económicos.

    a. Está

    b. Es

    c. Ha

42. ● ¿Qué _____ hacer esta tarde?

    ○ No sé, si me llama Jaime, iremos al cine y si no...,pues no sé.

    a. tienes que

    b. puedes

    c. piensas

43. ● ¿No ha venido Carlos?

    ○ No, _____ está enfermo.

    a. me parece

    b. creo

    c. me parece que

44. _____. Se han ido todos.

    a. Hay nadie

    b. No hay alguien

    c. No hay nadie

45. ● ¿Has estado en el Museo del Prado?

    ○ Sí, he ido _____.

    a. muchas veces

    b. hace 10 años

    c. el año pasado

46. ● ¿Hay un hotel por aquí cerca?

    ○ Sí, mire, ahí enfrente hay _____ y un poco más lejos, a la derecha, _____ otro.

    a. un   a. un

    b. uno   b. Ø

    c. otro   c. uno

47. ● Desde 1975 hasta 1980 estuve en Brasil.

    ○ _____

    ● Trabajaba en una agencia de turismo.

    a. ¿Y qué hiciste?

    b. ¿Y qué hacías?

    c. ¿Y qué has hecho?

48. Coge el metro; es _____ más rápido que el autobús.

    a. mucho

    b. muy

    c. tan

49. ● ¿A dónde vas?

    ○ Voy a cortarme _____ pelo.

    a. Ø

    b. mi

    c. el

50. ● _____

    ○ Es dentista.

    a. ¿Qué es su profesión?

    b. ¿Cuál profesión tiene?

    c. ¿A qué se dedica?

51. Te ha llamado Santos. _____ te llama.

    a. Tres veces que

    b. Por la tercera vez

    c. Es la tercera vez que

52. Estaremos en Sevilla _____ dos semanas.

    a. por

    b. para

    c. Ø

53. Te llamo otra vez _____ un cuarto de hora.

    a. a

    b. dentro de

    c. después

54. ¿Qué hago con las llaves? ¿_____ las doy a Emilio?

    a. Se

    b. Le

    c. Lo

55. _____ vienen a verme _____.

    a. No ... nunca

    b. Ø ... nunca

    c. Nunca no ... Ø

56. ● ¿A qué hora quedamos?

    ○ No sé... ¿_____ a las 7 h.?

    ● Sí, vale.

    a. Os va bien

    b. Queréis

    c. Nos quedamos

57. ● ¿Les hago la cena a los niños?

    ○ No, no _____.

    a. házsela

    b. se la hagas

    c. se la haces

58. ● ¿No te ha gustado la película?

    ○ Sí, pero yo _____ ir al fútbol.

    a. quería

    b. he querido

    c. quiero

59. Este verano tengo ganas _____ ir a Cuba.

    a. de

    b. a

    c. en

60. ● ¿Tienes sueño?

    ○ ¿Qué dices?

    ● _____ tienes sueño.

        a. Pregunto

        b. Pregunto que

        c. Que si

61. En esta calle no hay _____ restaurante barato.

    a. ninguno

    b. ningún

    c. Ø

62. ● Quedaos a cenar.

    ○ ¿Cómo?

    ● Que _____ a cenar.

        a. os quedéis

        b. quedaos

        c. os quedáis

5. (14.7.) 📼

Escucha este diálogo, y luego escribe las palabras que faltan:

○ Así que _____ en Inglaterra. _____

● Sí, _____ desde 1979 _____ el curso pasado.

○ ¿Y qué tal?

● Muy bien. _____ en Oxford y daba clases de español.

○ Y ahora, _____

● Pues de momento _____ trabajo. Es muy difícil, _____.

○ Oye, _____ hablar con un amigo mío que tiene una oficina de traducciones _____

necesita _____ que sepa inglés.

● Sí, me interesa. _____ su dirección.

○ Mira, la oficina está en la calle de _____.

El teléfono es _____. Pero te voy a dar también su teléfono particular... A ver... _____

Dile que le llamas _____.

ÍNDICE